W0228532

Wie ma halt so redd!

Daniela Maria Ziegler

WIE MA
HALT SO
REDD!

Kleines kurpfälzisches Wörterbuch –
für Einheimische und Zugereiste

Mit Illustrationen der Autorin

G. Braun Buchverlag

Zu diesem Buch

Wandlungsfähig, klangvoll und originell: So präsentiert sich selbstbewusst die Heidelberger Variante des volltönenden Kurpfälzisch.

„Gebb net do doddelisch die Hånd, lang rischdisch hi, dass die Leit disch net fer verdrickt halde!", hieß es mal als Erziehungsmaxime, denn für die Kurpfälzer gibt es fast nichts Schlimmeres als „verdrickte Leit"! Und lieber ein offenes Wort als „Schmuus"! Daher nimmt man beim „Schenne" und „Zammeheeße" kein Blatt vor den Mund; auch wenn zarte Gefühle sprechen, gibt man sich gerne spröde, fast grob, sprich: „olwer".

Wie soll sich da ein Zugereister mit dem Kurpfälzer auskennen? Es braucht seine Zeit, zugegeben; wer jedoch mit Geduld und Einfühlung die feinen Nuancen zwischen Ablehnung und Zuneigung zu verstehen beginnt, findet in der Kurpfalz die besten Freunde. „Alder Huudsimbl, bisch aa doo? Geh her, hock disch hi unn hald dei Gosch!", kann dann eine der tiefstempfundenen Freundschaftserklärungen sein, die ein waschechter Kurpfälzer so von sich gibt.

Die Autorin

In den Fünfzigern im weltoffenen Heidelberg geboren, hat die Autorin Daniela Maria Ziegler das klangvolle Kurpfälzisch mit der sprichwörtlichen Muttermilch eingesogen und stets gepflegt – auch fern von der Heimat! Für die promovierte Archäologin ist jede Vokabel, jede Redewendung des Heidelberger Dialekts ein kostbarer Fund, den es liebevoll zu bewahren gilt. Neben Fachartikeln, Rezensionen, einem Roman und verschiedenen Prosastücken ist „Wie ma halt so redd!" ihr erstes Mundartbuch. „Wenn Dialekte schon aussterben, dann zumindest nicht sang- und klanglos", meint sie dazu.

⚡ INHALT ⚡

I. VUMM BABBLE, BAMBLE UNN BIZZLE

ääm ääni bumbe

jemandem einen kräftigen Schlag
versetzen

*„Isch bumb der glei ääni, wenn net uff-
heersch!"*

abfazze

abreißen, zerreißen, insbesondere
ein Gummiband, das durch Abreißen beim Zurückschnellen emp-
findlich wehtun kann

„Bass uff, dass des alde Gummi net abfazzt!"

abmaddle

sich abhetzen, sich beeilen

*„Jetz hawwisch misch soo abgemaddlt unn
bin immer noch net ferdisch!"*

(ab)supfe

schlürfen, abtrinken (bei zu vollem
Glas)

*„Doo, supf's ab! Isch hab der halt zu viel
eigschenkt!"*

ådalge, dalge, rumdalge

anfassen im Sinne von begrapschen, fest zupacken

„Ärzdin wollt isch net sei, do musch jo jeedn dohergeloffene, uugewäschene → Hannebambl ådalge!"

ålange

anfassen im Sinne von berühren

„Die däät isch noch net emol mit der Beißzang ålange, so dreckisch is die!"

alles zammeheeße

jemanden nach allen Regeln der Kunst beschimpfen

„Der hot den alles zammegheeße, des glaabsch awwer! Niemand hot was zu sage getraut, alle waare schtill!"

åmoddle

sich hässlich, geschmacklos, unpassend kleiden

„Wie die heid widder ågemoddld is: geblimmld unn karierd unn noch dazu grie (= grün) unn gehl (= gelb) gschtreifd!"

arg sei

> leid tun, unter etwas leiden
>
> *„Dass du mir immer noch so bees bisch, is mir soo arg! Willsch net widder guud mit mer sei?"*

arg uff jemand sei, arg gern hawwe, arg an jemand hänge

> jemanden sehr mögen, gut leiden können, sogar: lieben
>
> *„Die zwee ware jo mol arg uffenanner, awwer's hot net solle sei!"*

babble

> reden, sprechen, sich unterhalten; auch: → **schwätze,** → **redde**
>
> *„Babbl net so viel. Mir falle glei die Ohre ab!"*
>
> ☞ Und: *„Was mei Dånde is, die fängt morgens å zu babble, und heert erschd uff, wenn sie obends widder schloofe geht."*

Babblwasser gedrunke hawwe

sehr gesprächig sein, am laufenden Band reden

„Mer kennt fascht määne, du hättsch heit Babblwasser gedrunke, so viel, wie du am Babble bisch!"

bamble

baumeln

„Was bamblt'n do rum? Entweder du schneidsch's ab odder du nähsch's widder drå. Awwer so kannsch des net losse!"

bischbere

flüstern

„Was werd'n do hinne gebischbert! Sagt's laud, dass es alle heere kenne!"

bizzle

kitzeln, perlen, auch: jucken

„Ou, wie des in der Naas bizzle dutt!"
Oder: *„Was misch des gebizzlt hot, ma glaabt's net!"*

basse

passen

„Basse die neie Schuh?" Auch: *„Des basst sisch net!"* Bedeutet: Das gehört sich nicht.

borzle

purzeln, hinfallen

„Isch weeß noch wie heit, wie mer beim Schifahre uffm Kohlhoof drowwe zu viert iwwerenanner geborzlt sinn und wie mer doo gelacht hawwe!"

broddle

in den Bart hinein brumme(l)n

„Was hoschn widder zu broddle, du alder → Broddlhaffe?"

die Bockskischder krigge

große Angst bekommen, sehr erschrecken

„Do kriggsch die Bockskischder, wenn den siehsch!"

die Hudde hänge losse

erschöpft, müde sein (gern verwendet für Pflanzen)

„An dem Daag war's so heiß, do hawwe mei Blumme uffm → Balkong schunn morgends die → Hudde hänge losse!"

Auch: „A sag emol, wieso läsch'n du so die Hudde hänge? Hosch die → Kränk?"

die → Kränk krigge

krank werden, sich erkälten; nicht gut gehen, sich schlecht oder unwohl fühlen; Zustände kriegen

„Zieh der was å, dass net die Kränk kriggsch!"

dungge

tunken, jemanden untertauchen, etwas eintauchen

„Mamma! Der doo, der hot misch im Diefe gedunggt!" Oder: *„Am beschde schmeckt mer als (= manchmal) der Kaffee, wenn isch ä Schdickl (ä → Riemele) Kuche zum Nei-dungge hab!"*

enn Balle hawwe

betrunken sein

„So, wie der redd, hot er bschtimmt enn Balle!"

enn Kraddl nach owwe hawwe

hoch hinaus wollen, eingebildet sein

„Die hot enn Kraddl nach owwe unn määnt wunnerweeß (= Wunder was, wunders), wer sie is!"

Fäng krigge

Schläge bekommen, verhauen werden

„Wenn ma derre uffm Schulhoof net ausm Weeg gange is, hot ma glei sei Fäng vunn erre kriggt! Do hots gheeße: uffbasse!"

fer extra mache (fer gern, mit Fleiß, zum Duck mache), ebbes (= etwas) grad fer extra mache

etwas absichtlich machen, meist etwas Schlechtes, Schlimmes oder Böses

„Mamma, isch hab awwer di Schissl net fer extra (fer gern, mit Fleiß) kabutt gemacht!" Oder: „Des macht der mir zum Duck, blooß um misch zu ärgere!"

flabbe

schlagen, verhauen

„Wenn des meini wäär, die dääd isch flabbe!"

fladdiere

(um)schmeicheln; → Schmuus

„Wenn sie was will, kann sie eim fladdiere – awwer schunscht (sunscht) kennt sie eim net!"

fortschmeiße

wegwerfen, entsorgen

*„Des Jäckl kannsch jetz endlisch aa mol fort-
schmeiße, odder willsch's noch verkaafe ...?"*

gånz letz sei

verwirrt sein

*„Isch hab misch nimmer ausgekennt. Uff ämol
war isch gånz letz!"*

gedenke

sich erinnern

*„Des gedenkt mer noch wie heit, wie isch
domols nachm Krieg, wo mer nix ghabt hot,
mit emme Koffer voll Eier unn Budder vunn
Mengelse* (= Mingolsheim, Ortsteil von Bad
Schönborn im Kraichgau) *häämgfahre bin ...!"*

gedupft sei

deprimiert, bekümmert, gedemütigt
sein

*„Isch war ganz gedupft, wo isch gheert hab,
dass der gschtorwe is!"*

gschliche kumme

> harmlos tun, um etwas beim anderen zu erreichen

„Der kummt mer gschliche! Im Leewe (mei Lebdaag) mach isch dess net! Was glaabtn der!"

händle, Händl hawwe, Händl suche

> streiten, Streit haben, Streit suchen

„Suchsch Händl, du alder → Huudsimbl?"

heewe

> heben, halten, festhalten

„Heewemol!" Oder: *„Heb disch emol do drå!"*

Hermänndlin (vor)mache

> den Alleinunterhalter machen, sich produzieren, die Leute zum Lachen bringen, den Kasper spielen

„Do hoter ä bissl Hermänndlin gemacht – unn schunn is die Zeit viel schneller rum gewesst!"

hieblotze

hinfallen; **neiblotze** – hineinfallen

„Bass uff, heit isses glatt! Dass net hie-blotzsch!"

hinnerum heewe

jemanden verwöhnen, umschmei-cheln, liebevoll überreden

„Willsch noch ä bissl hinnerum ghoowe werre, Schbetzele?"

im Brass sein (än Zorn hawwe, ä Wut hawwe)

zornig, wütend, sauer sein

„Wie der im Brass war uff emol, des hättsch sehe solle!"

in jemand neigucke

vernarrt, verliebt sein

„Der guckt jo in die nei wie inne Schpiggele! Blooß – was sieht er'n doo?"

ins Gschäft gehe

arbeiten, zur Arbeit gehen

„Gehsch ins Gschäft? Oder hosch heit frei?"

knabbe

hinken

„Was knabbsch'n so? Bisch → hiegeblotzt?"

knängere

quengeln, jammern

„Wieso knängersch'n schunn widder, alder → Krutze?"

knubbe

jemanden heimlich in die Seite stoßen

„Sie hot misch geknubbt, als wollt sie saage: Guck emol, do isser!"

krubbe

kratzen, aufkratzen

„Heersch uff, dei → Bletz immer uffzukrubbe!"

kruschdle

> kramen, räumen, (um)sortieren

*„Sunndaags dun isch immer dahääm rum-
kruschdle – unn wenn der Herr Graaf uff
Schtelze kummt!"* (Bedeutet: egal, was passiert)

kumme

> kommen

„.... unn jetz kummsch du!" Wird an die Erzählung
einer haarsträubenden Begebenheit angehängt.
*„Erscht kumm isch, dann kummt lang nix,
dann kumm noch emol isch, unn erscht dann
kummsch vielleischt du!"* Bei Anforderungen
anderer, die man nicht erfüllen mag.
„Ah, kumm, sei schtill!" Als Antwort auf etwas
Abwegiges, Unwahres oder Unangenehmes.
„Kumm, geh her, kriggsch was Guudes!"
Kommen und Gehen ist kein Gegensatz. Soll das
Sich-Entfernen ausgedrückt werden, sagt man
fortgehe.
„Kumm isch heit net, kumm isch morge!"
Für: Eins nach dem anderen. Oder: Nur keine Eile.
Auch kritisch über andere, die man als lahm und
vergesslich bezeichnen will.

lupfe

> lüpfen, anheben

„Des brischt eim jo kän Zacke aus der Kroon, de Hinnere zu lupfe, wenn ma jemand die Hånd gibt. Immerhien hab isch dess vunn meim Vadder so gelernt!"

nix dazu kenne

> nichts dafür können

„Doo hab isch nix dazu gekennt, dass isch zu schbät kumme bin. Die → Bembl is halt net beikumme!"

peese

> rennen, schnell laufen, sich eilen

„Vunn Ponzius bis zu Pilatus hab isch wege dem Åtraag peese misse, erscht do hie in des Åmt, dann in des ånnere."

pfetze

> kneifen, pfetzen

„Es is graad, als ob ma eme Ochs ins Horn pfetzt!" Ausdruck für: Es ist völlig sinnlos!

redde

reden, miteinander sprechen

„→ Álla, wie geredd, so gebabblt!"
Oder: „Redd odder scheiß Buchschtaawe!"
Entnervte Aufforderung an eine/n, dem/der man
jedes einzelne Wort aus der Nase ziehen muss.

retze

reizen, necken

„Kumm, nemm mers net krumm, isch hab
disch bloß ä bissl retze wolle!"

rumfahre

unordentlich herumliegen

„Was fährt'n do widder rum! Loss doch net
immer alles rumfahre!"

(rum)gautsche

herumtollen; → **Gautsch**

„Wenn die mitenanner rumgautsche, wackle
die Wänd!"

rumgeiße

herumtollen

„Em zehne geiße die noch uff der Schtrooß rum, ma kännd määne, die hätte kää Eldere!"

(rum)gilfe

gellend schreien

„Vumm fünfe bis um achde gilfe si immer rum, dann is Ruh!"

(rum)gurke

immer unterwegs sein, in der Gegend umherfahren

„Du gurksch jo sowieso immer in der Weldgschischd rum, dann kannsch aa emol nach Neckarhause in de Schlosspark fahre!"

(rum)krauche

kriechen, sich bewegen, auch: leben

„Dass die aa noch rumkraucht ..."

☞ Und: *„Isch hab nimmehr krauche kenne, so Schmerze hawwisch ghabt!"*

runnerwäsche

wörtlich: von oben nach unten
waschen; gründlich säubern (auch
heruntergekommene öffentliche
Einrichtungen bzw. Gebäude)

*„Doo gheert aa mol widder rischdisch run-
nergewäsche!"*

schaffe

schaffen, arbeiten, aber auch: machen, tun, anstellen

*„Was hot er'n doo widder gschafft, der Buu?
Hot er widder was kabutt gemacht?"* Oder:
„Was schaffsch'n heit?" (Was machst du heute?)

Schbrisch klopfe

sich mit lustiger Angeberei gegen-
seitig zum Lachen bringen; auch
→ Schbrischklopfer

*„War des geschtern Obend schää! Was mir
Schbrisch geklopft hawwe, geht uff kää
Kuhhaut!"*

schdaxe

>herumstottern, stockend sprechen, sich verhaspeln
>
>*„Die hot graad noch rumschdaxe kenne. Do hosch glei gemerkt, do schtimmt was net."*

schdeibere

>stützen, feststellen
>
>*„Hosch des Fenschder gschdeibert, dass es net zuubatschd?"*

schdenze

>stibitzen, stehlen
>
>*„Beim Hecke Alfons hammer als Birne odder Kersche gschdenzt, wenner graad net geguckd hot!"*

schdrandle

>zweifeln, unsicher werden, irre werden an etwas
>
>*„Was der mir verzählt hot! Noch erre Weil haw isch dann doch gschdrandlt, ob des wohr is."*

schdratze

stolzieren

„Wenn die die Hauptschtrooß nunner-
schdratzt, kennt ma määne, die Gräfin Rotz
kummt do her!"

schdumpe

rempeln, stoßen; auch: → **schugge**
– stoßen

„Schdump misch net, du → Saukrippl!" Oder:
„Wer hot'n dich gschdumpt, dass wacklsch?"
Bedeutet: Wer hat dich gefragt? Du hast hier nicht
mitzureden!

schelde, schenne

schelten, schimpfen

„Die hot gschennt (gscholde) wie en
→ Rohrschbatz!"

schier verkrooße

stark schwitzen, vor Hitze fast
eingehen

„Doo verkrooßsch joo schier (= fast), so heiß
isses doo!"

schiergar verzwazzle

fast verzweifeln

"Der Brief is unn is net kumme. Isch bin schiergar (= fast) verzwazzlt."

schlotze

schlürfen, schlecken

"Maagsch ä → Gutsl schlotze, Liewi?"

schmotze

einkremen

"Ma muss sisch halt im Schwimmbaad ei-schmotze, dann kriggt ma aa kän Sunnebrånd!"

schneeke

naschen, wählerisch sein

"Des is en ganz Verschneekter: Des mag er net, unn des mag er aa net."

schnuddle

undeutlich sprechen, schnell und flüchtig herunterrattern

"Schnuddl des schääne Gedischt net so runner! Saags ordentlisch uff, sei so guud!"

schpringe

(auf)springen, schnell laufen

„Schpring emol schnell unn holl mer de
→ Butzlumbe aus der Kisch!"

schtrappliziere

strapazieren

„Dess Gummi war halt zu arg schtrappli-
ziert! Des is jo klaar, dass des emol hot →
abfazze misse!"

schugge

stoßen

„Schugg misch net, schunscht schugg isch
disch aa mol, dass weesch, wie des is!"

die Schuld sei

Schuld haben, schuld sein

„Isch war doo net die Schuld, dass die Schiss-
le schunn all leer waare!"

schwätze

schwätzen, miteinander reden

„Ma muss halt mit de Leit schwätze!"

sei Duur (= Tour) **hawwe**

> viel Mühe, Sorge oder Aufwand
> haben

*„Mit dem hot si ihr Duur ghabt, awwer uff
ämol wars vorbei!"*

sisch ins → Hemm mache

> sich genieren, sich anstellen, um-
> ständlich aufführen, unschlüssig sein

*„Macht eisch na (blooß) net ins Hemm vor
lauder lauder!"*

sisch net → schdruwwelisch mache losse

> sich nicht verunsichern lassen

*„Loss disch doch vunn denne net schdru-
wwelisch mache! Die koche doch aa bloß
mit Wasser!"* Und: *„Mach doch net de Babbe
(= Vater) schdruwwelisch!"*

sisch nimmer krigge bzw. sich widder krigge

> sich nicht mehr einkriegen bzw.
> sich wieder einkriegen, sich nicht
> fassen können bzw. sich wieder
> fassen

„Isch hab misch nimmer kriggt." Oder: „Krigg
disch widder, so luschdisch war des aa
widder net."

sisch schemme

sich schämen

„Bis nunner in die Fußzehe hoter sich
gschemmt. Des hot ma'm ågsehe!"

sisch schnärre

sich täuschen, sich irren, sich ge-
schnitten haben

„Wenn du glaabsch, dass isch der immer
alles hinnerhertraag, hosch disch gschnärrt,
liewer Alder!"

suckle

saugen, lutschen, nuckeln

„Wenn sie an ihrm Duduu (= Schnuller) suckld,
is sie zufriede!"

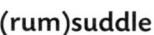

(rum)suddle

> verschütten, auch: planschen

„Du sollsch net rumsuddle, du sollsch disch rischdisch wäsche!" Und: *„Der Disch war gànz mit Sooß vollgsuddld!"*

triele

> langsam tropfen, langsam rinnen, auch: verschütten; in übertragener Bedeutung: mit stierem Blick vor sich hin träumen

Beim Eingießen einer Flüssigkeit: *„Bass uff, dass net trielsch!"* Und: *„Was hosch'n geschdern de ganze Daag gschafft?" „Getrielt."*

triwwliere

> drängen, antreiben

„Unn weil's schunn so arg schpät war, haww isch halt ä bissl triwwliere misse!"

uffåmsle

sich unangemessen aufregen,
auffahren, aufbrausen, wörtlich:
aufamseln

*„Do derf mer nix sage, schunscht åmselt si
der glei uff!"*

uffbasse wie'n Häckselmacher

aufpassen wie einer, der mit dem
Messer Stroh kleinhackt, vorsichtig
sein

*„Do musch uffbasse wie'n Häckselmacher,
dass net iwwerfahre wersch!"*

uffm Schnäpperle sitze

ungeduldig auf jemanden oder
etwas warten (eigentlich: bereit zum
Aufspringen vorne auf der Stuhl-
kante sitzen)

*„Do bin isch weege meim Mann uffm
Schnäpperle gsesse unn do kummt die do her
unn hält misch uff!"*

uffs → Knärzl gehe
auf die Nerven gehen
„Geh mer net uffs Knärzl heit, isch hab die → Kränk!"

uuhze
necken, aufziehen
„Er hot unn hot net gemerkt, wie mer'n die ganz Zeit blooß geuuhzt hawwe!"

verdorzle
austrocknen
„Hoffendlisch verdorzle mir die Blumme net!"

verklickere
erklären
„Kannsch mer des emol verklickere?"

verkrumble
zerknittern
„Des Hemm sieht net schää aus, des is jo ganz verkrumblt."

verropfe

zerreißen, zerrupfen

„'S hot mich vor Lache schier verropft!"

vumm → Schdengel(e) falle

unangenehm überrascht sein

„Isch bin schier vumm Schdengele gfalle, wo
isch des gemerkt hab!"

**was zu melde hawwe bzw. nix zu melde
hawwe**

etwas bzw. nichts zu sagen haben

„Was hot'n der zu melde? Der hot doch do nix
zu melde, der Schbrischklopfer, der Alde!"

wedderbumbe

anstoßen, sich stoßen, anrempeln

„Der is heit Nacht wedder de Schränk ge-
bumbt. Jetz hoter ä dicki → Baus am
→ Meschpl!"

wesche

waschen; **verwesche** – verhauen

Als Aufforderung zur Reinlichkeit: „Wesche, net
kratze!" Und: „Wenn die Kinner sisch uffm

Schulhof nach Schdrisch unn Faade verwe-
sche, des kriggsch joo gar net mit!"

worgse
> würgen, Brechreiz verspüren

„Wo isch den Fraaß blooß gsehe hab, hot's
misch schunn schiergar geworgst."

II. VUNN KRUTZE, KNODDL UND GSCHNAATZL

DRAUSS

Abodeek

> Apotheke und andere Geschäfte,
> die für ihre hohen (Apotheken-)
> Preise bekannt sind.

„Des is der villeischt ä Abodeek!"

ä aldi Burg

> ein altes, baufälliges, unschönes
> Haus

*„Des iss der villeischd ä aldi Burg, wo die
drinnwohne!"*

Audo

> Auto

*„Der hot geguckt wie ä
Audo, blooß (= nur) net
so schnell!"* Ausdruck für
extreme Langsamkeit

Beiz

> Gaststätte, Kneipe (unterer Kategorie)
>
> *„In derre Beiz kriggsch blooß (nix wie)*
> → *Raddegickl odder* → *Saueråmpfer!"*

Bembl, Schtrooßebåå

> die Straßenbahn
>
> *„Jetz loss die Bembl doch fortfahre, 's kummt*
> *doch alle ridd* (= alle Naslang, alle paar Minuten)
> *ääni!"*

Bildschdeckl

> Bildstock, Andachtsbild mit Kruzifix
> oder Muttergottes am Wegrand
> oder im Wald

Blumme

> Blumen; **Blimmelin** – Blümchen

Gautsch

> Schaukel (→ **rumgautsche**)
> *„Willsch uff die Gautsch nuff, Klääni?"*

Glotzbecklin – Stiefmütterchen, und: **Märze-veilsche** – Anemonen

> *„Kumm, geh mit in de Wald, Märzeveilsche suche. Glotzbecklin im Schtadtgarde kannsch 's ganze Johr ågucke, Märzeveilsche gibt's blooß im Friehjohr!"*

Huddl

motorisiertes Zweirad

„Lumbe! Aldeise! Babier!",

rief der Altwarenhändler, der noch in den Sechzigern regelmäßig durch die Straßen ging und Lumpen, Alteisen sowie Papier zur Weiter-verwertung einsammelte, bevor es Recyclinghöfe und Papiercontainer gab. Der Altwarenhändler war – ähnlich wie ein Kohlenträger – eine abenteuerliche Erscheinung:
→ **dreckisch,** → **wieschd,**
→ **olwer,** → **garschdisch** und so weiter.

Mabbl

Schlamm, Straßenschmutz

Neckarschlabbe

Fracht- bzw. Lastschiff auf dem
Neckar

Párraplie

Parapluie, Regenschirm
(Die zahlreichen Übernahmen aus
dem Französischen werden entgegen des Originals meistens auf der
ersten Silbe betont.)

Pórtmonee

Portemonnaie, Geldbeutel

Reilänner

wörtlich: Reinländer (nicht: Rhein-
länder!), Bezeichnung für die, die
am Wochenende vom „Land
rein"-kommen, um einzukaufen
und/oder zu feiern – von den
Städtern nicht immer geliebt, die
sich bei allzu großem Besucher-

andrang in der Innenstadt lieber
woanders aufhalten.

Schdengel(e)

Stängel; und: **Hudde** – eine Art
Flügel (→ **die Hudde hänge losse**)

*„Guck emol die krumme Schdengel unn wie
die Blumme ihr Hudde hänge losse. 'S kennt
emol widder reegne!"*

Scheeß

Chaise, Kinderwagen

Schellebimberles

das „Klingeln-und-Weglaufen"-Spiel

*„Werd Zeit, dasser lernt, dass ma bei de Leit
net immer Schellebimberles macht!"*

Schmuus

Schmeichelei, überfreundliches
Getue (beim Kurpfälzer sehr unbe-
liebt!)

*„Die mit ihrm Schmuus immer! Soll mer doch
fortbleiwe domit! Längt net äfach, Guun
Daag zu sage?"*

Sengessel
> Brennnessel

Tróttwaa
> Trottoir, Bürgersteig
> *„Gef uff's Tróttwaa nuff, aldi → Krott, und*
> *dabb net in de → Mabbl nei!"*

Und: *„Mamma, kaaf mers, isch hab lang drå!"*
Beim Einkaufs- oder Schaufensterbummel gesagt, aber
auch von Mädchen oder junger Frau leise geseufzt, wenn
ein junger Mann aufkreuzt, den sie unwiderstehlich findet …

WAS RUMKRAWWLT UNN RUMFLIEGT

Atzl, Atzle
> Elster, Elstern

Bibbele, Bibbelin
> Küken

Geiß unn Geißeheddele
> Ziege mit Zicklein

Hauwelersch

> Haubenlerche, vor allem Bezeichnung für Nonne

Keffer, Kefferlin

> Käfer, Käferchen, insbesondere das **Herrgottskefferle** – Marienkäferchen

„Wieviel → Dupfe hot'n des Herrgottskefferle, Kind? Hosch sie schunn gezählt?"

Krabb

> Krähe, Dohle etc., insbesondere der Nachtkrabb, der Kinder holt, die nicht schlafen wollen

Krott

> Kröte, auch Bezeichnung für kleines Mädchen

Mick, Mickele, Mickelin; Muck, Mucke

> Mücke, Mückchen, Mücken; im Grunde alle fliegenden Insekten

Schbatz, Schbetzele, Schbetzelin

> Spatz, Sperling, Spätzchen, Spat-

zen; vor allem in der Verkleinerung
das allerzärtlichste Kosewort

„Geh her, mei goldisches Schbetzele, isch
muss disch emol ä bissl dricke!"

Auch **Dreckschbatz** sowie **Rohrschbatz**, den
man vor allem aus der Redewendung

„→ schelde (schenne) wie än Rohrschbatz"
kennt.

Schduutzebock

kein richtiges Tier, sondern ein
Kinderspiel, bei dem man zart mit
der Kinderstirn zusammenstößt
und dabei gedehnt **„Schduuuutze-
bock!"** sagt.

Schloofleis

Schlafläuse, unsichtbare kitzelnde
Tierchen, die kommen, wenn man
müde wird.

„Kumm, Liewi,
gehmer hääm, misch
beiße schunn die
Schloofleis!"

Voggl, Veggelin

> Vogel, Vöglein; auch der, der hinter der Stirn wohnt
>
> *„Der hot doch'n Voggl, der → Dabbes!"*

DAHÄÄM

Bálkong

> Balkon

Besse

> Besen, auch Bezeichnung für böse Frau

Bóttschamber, Póttschamber

> pot de chambre, Nachttopf

Butzlumbe

> Putzlappen, Feudel

Dachkandl

> Dachrinne, Regenrinne

Dier – Tür; **Dierschlink** – Türklinke

> „Der weeß aa net, was ä zueni Dier (= eine
> geschlossene Tür) is; dahääm werre sie Säck
> hawwe schtatts Diere."

Dreckäämer

Schmutzeimer, Putzeimer

> „Der hot gschtrahlt wie en frischgebutzter
> Dreckäämer, wo er disch gsehe hot!"

Gezerf

Streiterei, Quengelei, Krach, →
Händl

Haffe, Häffele

Topf, Töpfchen; große und kleine
Tasse, kurz: Gefäße aller Art, auch
der **Blummehaffe**;
auch: **Kächele** –
kleines Gefäß, Töpf-
chen, Schüsselchen

*„Enn Haufe Kächelin, awwer kää gscheidi
Schissl!"*

Káddong

Karton
„Enn Kaddong voll → Kruuscht!"

Kerf, Kerfl

Ritze zwischen den Ehebetten,
auch: Poritze

Kruuscht

Krempel, Krimskrams (auch: →
kruschdle)

Lamberie

Fußleiste, Holzsockel, vom französischen lambris

Leschherndl

Löschhörnchen, kleines Gerät zum Kerzenlöschen

Matratz

Matratze

„Oh letz Matratz!" Bedeutet: Ach je! Ach du lieber Gott! Der Ausruf hat mit der Bettunterlage nichts zu tun; das Ausschlaggebende sind die lautmalerischen Endkonsonanten -tz – etwas, was die Kurpfälzer sehr lieben.

Pfiffedeckele

wörtlich: Pfeifendeckel; bedeutet: daneben!, daraus wird nichts!, kommt nicht in Frage!

„Isch hab misch schunn uffs Schwimmbad gfreit. Pfiffedeckele! Geht mirs Audoo kabutt! Mittl uff der Schtrooß!"

Plümmo

> Federbett, vom französischen Plumeau (heute nahezu ausgestorben)

Schipp, Dreckschipp

> Kehrblech, Kehrschaufel

Schpeicher

> Speicher, Dachboden
>
> *„Nää, Frollein, wenn isch Bodde saag, mään isch net de Schpeischer! Do männ isch des, wo Sie druff laafe!"*

uffm Bodde – auf dem Fußboden, auf der Erde

uffm Schpeicher – auf dem Dachboden

Schpinnehuddl

> Spinnennetz

Sofa, Schésslong

> Sofa, vom französischen Chaiselongue
>
> *„Der hot sich benumme wie die Sau uffm Sofa!"*

Uffezuule, Uffezuddl

> kleines Auf-und-Zu; Spielfigur beim Mühlespiel, die man so geschickt anlegt, dass man bei jedem Zug eine Mühle (Dreierposition der Spielsteine) einheimst.

Worzlberscht

> Wurzelbürste
>
> *„Fer den → Dreckfink langt kää normali Berscht, do brauchsch ä Worzlberscht!"*

Und: *„Erschdes Sitze!"* sagt man, während man sich auf die nächste Sitzgelegenheit fallen lässt, nachdem man die Wohnung gestaubsaugt, die Treppe und die Fenster geputzt und das Geschirr gespült hat, also längere Zeit fleißig auf den Beinen war.

ZU ESSE UNN ZU DRINKE

Bizzlwasser, Schbruudlwasser

> Bezeichnung für Sekt oder Selters,
> → bizzle
>
> *„Geh mer fort mit dem Bizzlwasser! Isch*

> brauch eiern Sekt net, gebt mer liewer ä
> Glas Bier!"

Bómbong, Gutsl
Bonbon, Gutsel

Brezzl
Brezel

„Do misse Bäcker kumme unn kää Brezzl!"
Bedeutet: Der Betreffende ist einer ernsthaften
Auseinandersetzung nicht wert.

Kardoffl, Pellkardoffl; Quell- bzw. Pellmänner
Kartoffeln, Pellkartoffeln

Frage: „Was gibt's bei eisch heit zu esse?"
Antwort: „Kardoffl, Gans unn Haas!"
Gemeint ist: *Kartoffeln, ganz und haaß* (= heiß),
also Pellkartoffeln! Der Spruch stammt aus Kriegs-
und Nachkriegszeiten, als man hinsichtlich des
Essens noch träumen konnte.

„Frauegrupp, Männergrupp, Kardofflsupp!"

Spruch mit dem schönen Reim auf -upp stammt aus den Siebzigern, der Zeit der Frauen- und Männergruppen. Gemeint ist: alles eins!, egal!, einerlei!, gehupft wie gedupft, so lang wie breit.

Kardofflknie

zu haben, gilt als Unterscheidungsmerkmal zwischen Katholiken und Protestanten. Nur Katholiken können Knie wie Kartoffeln haben, weil sie sie auf den – früher harten – Kirchenbänken breitknieten.

Kääs, Schtinkkääs, Håndkääs

Käse, Limburger, Handkäse; insbesondere der Bibbeleskääs – ange-
machter Weißkäse bzw. Schicht-
käse, der **„Bibbelin",** das heißt
feste, fetthaltige Bestandteile hat:
*Milsch, Doosemilsch odder Sahne nei,
mit Salz, Kimmel, Roosepaprika unn
Schnittlauch verrihrt, zu Quellmänner
dazu odder ääfach so uffs Brood
gschtrische.*

Kerscheblotzer, Kerschejockl

Kirschenjockel, ein Kirschkuchen,
gemacht u. a. aus eingeweichtem,
altem Brot und den ersten Kirschen; Kerscheblotzer deswegen,
weil man die Kirschen einfach in
den Teig, der schon in der Form
liegt, **neiblotze** lässt, → **hieblotze.**

Keschde

Esskastanien; **Keschdebåm** – Ess-
kastanienbaum; **„Hohler Keschdebåm"** ist eine Ortsbezeichnung

im Heidelberger Stadtwald (Auer–
hahnenkopf); man gelangt vom
Königstuhl über den „Hohler-Käs-
tenbaumweg" dorthin.

Beim Beschriften der Wegweisersteine vor rund
hundert Jahren:

„Sag emol, Erwien, wie schreibt ma'n Keschde?"
„Ha, Alfoons, so, wie ma's schbrischt!"

Knärzl

Brotende, auch Bezeichnung für Kopf
oder Nerven, → uffs Knärzl gehe

Knoddl

Knödel, auch → Knoddele – nettes,
sympathisches Kind

Muusebrood

Marmeladebrot; siehe auch die
Bezeichnung Muusebrood-Verdl für
die Heidelberger Weststadt. Dort
wohnten früher die Lehrer, die be-
kanntlich so wenig verdienten, dass
sie zum Abendbrot nur ein Muuse-
brood zu essen hatten.

Ochseaage

> wörtlich: Ochsenaugen, Spiegeleier;
> **Ómmlett** – Omelett, Rühreier

Quedsche

> Zwetschgen; die Quedsch – in
> manchen Heidelberger Sportverei-
> nen auch für den ovalen Rugby-Ball
> gebräuchlich

Raddegickl, Saueråmpfer

> Bezeichnungen für schlechte, saure
> Weine

Rieb, Riewe, Gelweriewe; Roote Riewe

> Rübe, Rüben (auch Bezeichnung
> für Kopf), Möhren, Rote Rüben bzw.
> Rote Bete

ä Riemele Kuche

> ein schmaler
> Streifen Kuchen
> (für ganz Bescheidene)

Schmoorgurke

kurze, dicke Gurken aus dem Garten, die man der Verträglichkeit wegen bis zu zarter Bräune anschmort und sie leicht gesalzen zu einer Scheibe Brot isst.

Weck

Brötchen; Mohn-, Lauge-, Wasser- und Milschweck sowie: Kimmelweck und Kimmelschtang (Kümmelbrötchen, -stange)

„Isch hätt gern drei Brezzl unn zwee Weck!"
Wenn man nach dieser Bitte nur eine Brezel bekommt, ist die Verkäuferin eine Nicht-Heidelbergerin, die meint, zwei Brezel solle man von den dreien wegnehmen ...
Und wenn es sich nach dem Brotkauf beim Anschnitt herausstellt, dass inwendig große Löcher sind, heißt es: *„Guck emol, do is der Bäckerbuu dringsesse!"*

Wersching

Wirsing, auch Bezeichnung für Kopf

Worscht, Lewwerworscht

Wurst, Leberwurst, zum Beispiel: *Ågemachti Lewwerworscht* (= angemachte Leberwurst): *mit Essisch unn Eel, Zwiwwl nei, mit der Gawwl verdrickt, unn dann uffs Brood gschdrische unn gesse.*

Zecker

Stückchen
„Geb mer mol enn Zecker vunn derre Worscht, sei so guud!"

Zwiwwl

Zwiebel; auch: → **Schdeckzwiwwl, Schdeckzwiwwele** – Kosename; **Zwiwwlkuche unn Risser** – neuer Wein und Zwiebelkuchen

Und: Wenn man nach dem Essen fragt: *„Gibt's noch was?",* kann als Antwort folgen: *„Ä paar hinnedruff!"*

„Ou, die Gurke (die Pabrikaa, die Lewwerworscht, die Doose-Rawjoli o. ä.) schwätze awwer mit mer ...!" Bedeutet: Das Genossene stößt unangenehm auf ...

WAS MA ÅHOT

Batschkapp, Datschkapp

Baskenmütze =
Lehrer- und Musi-
kertracht, sowie:
Deckl – Hut, und:
Mitz – Mütze

Komplee

Complet, ein (elegantes) Kleid mit
Jacke (leider ausgestorben)

Dupfe

Punkt

*„Heit hot sie ä gedupfdes Kleid å unn morge ä
geblimmdes (geblimmldes)!"*

Hemm

Hemd, → sisch ins Hemm mache

Kiddl

Kittel, Sakko; **Kiddlscherz** – Kittel-
schürze, Schürzenkleid

Schlabbe

Schlappen, heruntergetretene
Schuhe, aber auch: Hausschuhe

Schlupf, Schlipfl

Schleife, Schleifchen

Schtrimpf unn Schuh

Strümpfe und Schuhe

Auf die Frage, bevor man gemeinsam aus dem
Haus geht:

„Unn, bisch jetzad ferdisch, Lissl?", heißt es mit
Kontrollblick in die Handtasche: *„Moment emol:
Muff, Brill, Gsangbuch – alles doo! Jetzt
kenne mer fort."*

Und auf die Frage

„Was soll isch'n åziehe?", kann es unter Um-
ständen heißen: *„Zieh de → Bobbo iwwers
Gsicht und guck zum Loch naus!"*

VUMM RÅNZE UNN VUNN SEINER KRÄNK

Back

      Wange

Baus

      Beule

   „Wo sie vunn der → Gautsch nunnergfalle is,
hot sie sisch ä Baus am Kepfl ghollt ghabt!"

Bletz

      Wunde, von → **hieblotze**

Bobbes, Bobbo, Ärschl

      Gesäß, Popo

Bobbl

      Insektenstich, Pickel

Färz mit Kricke

      wörtlich: Fürze mit Krücken, bedeu-
      tet: dummes, überflüssiges Zeug,
      völliger Unsinn

„Was ma heidzudaag so alles uubedingt hawwe
muss – alles Färz mit Kricke, wenn misch froogsch!"
☞ Und: *„Der rennt joo schunn zum Dockter,*
wenn em blooß ä Färzl im Bauch rumgeht!"

Fieß, Fießlin

> Füße, Füßchen; die Fieß gehen bis
> zum → **Bobbes; Quadratlatsche** –
> große Füße; **Kääsanker** – Käsefüße

„Was ma net im Kopp hot, hot ma in de Fieß!"

Flosse

> Hände; **Batschhändl** – Patsch-
> händchen bei einem Kind;
> **Griffl** – Finger

„Griffl weg!"

Fratz, Frätzl

> Gesicht(chen)

Gosch, Geschl, Schnawwl, Schnäwwele, Schnuut

> Mund, Mündchen

„Guck emol des goldische Geschl! Schperr dei
Schnäwwele uff!"

☞ Und: „*Mund zu, 's Herz werd kald!*"
Als freundliche Aufforderung an Menschen, die
aus vollem Halse gähnen!

Gurk, Naas, Neesl
unschöne Nase, Nase, Näschen
„*Der muss doch sei Gurk iwwerall nei-schtecke!*"

Herzbobbere
Herzklopfen
„*Wenn ma arg uff jemand is, kriggt mer halt Herzbobbere!*"

Kerf
Poritze

Kraddl
Eingebildetheit, Dünkel, Hochmut,
auch: Ehrgeiz
„*Der lefft der vielleischt mit emme Kraddl rum!*"

Kränk

> (mehrere Arten von) Krankheit,
> auch: schlechte Befindlichkeit, Un-
> wohlsein, schlechte Laune, Über-
> druss; sogar: schlechter, unausge-
> glichener Charakter etc.

"Isch krigg glei die Kränk, wenn des so wei-
dergeht!"

Kreiz

> Kreuz, Rücken

"Oh, mei Kreiz, mei Erlebierle (= Fruchtzapfen
der Erle), *mei halwi Maak, mei fuffzisch Pfen-*
ning!" Bei Kreuz- und anderen, auch seelischen
Schmerzen geseufzter bis ausgerufener Spruch.

Krutz

> Hals, → die Krutz rumdrehe, an die
> Krutz gehe

"Isch dreh der glei die Krutz rum, wenn net
dei → Gosch hältsch!"

Maläschde

> Beschwerden, Zipperlein, Wehweh-
> chen, vom französischen malaise

Meschpl, Rieb, → Wersching

        Kopf; **Kepfl** – Köpfchen

Andere Synonyme für Kopf: *„Kriggsch glei ääns uff de Deckl bzw. uffs Dach!"* Auch, vermutlich wegen des Reims: *„Der is net so arg hell in der Kapell!"*

Orgaan

        Organ, gemeint ist eine durchdringende, volltönende Stimme

„Dass die ä Orgaan hawwe muss, is doch klaar – als Bedienung!"

Raffl

        Zähne, und zwar hässliche

Rånze

        wörtlich: Ranzen, gemeint ist alles außer Kopf und Extremitäten

„Ou, Lissl, hosch du zarde Händ!" „Obs glaabsch odder net, Gisel, so zard bin isch am gånze Rånze!"

Schlickser

        Schluckauf

Ziggeles Laade

Ort, an dem man vor seiner Geburt
war

„Do bin isch noch in Ziggeles Lade ghängt!"
Bedeutet: Das war lange vor meiner Zeit, noch
bevor ich geboren bin.

Wenn die Mutter zu ihrem → **Bobbele** sagt:
„Mach ä Aahle!", soll es mit seinem (mitunter
spuckefeuchten) Händchen zart über die Back
eines der Anwesenden streicheln, in der Annahme,
selbiger freut sich darüber.

Und: Wenn ein sehr alter Mensch gestorben ist,
heißt es:
„Der/die wär aa nimmer gewachse!"

Davon, dass jemand sterben könnte, spricht
man so:
*„Wenn emol was mit der Mudder/mit'm
Vadder/mit der Oma wär ..."*

Und ein Aufschrei allergrößter Verzweiflung ist:
„Isch meegt graad doo naus, wo kää Loch is!"

LEIT UNN WIE MA SIE
(ALLES ZAMME-)HEESST

Bobbele

    Säugling, Kleinkind

Brocke, Breckele

    Bezeichnung für Menschen mit
    behäbigem, kräftigem Wuchs, auch
    für dicke Kleinkinder

Broddlhaffe

    wörtlich: Brodeltopf, Bezeichnung
    für einen, der immer nur leise, dafür
    ständig vor sich hin brodelt, aber nie
    so richtig explodiert, → **broddle**

Chrischtkindl

    Christkind, abwertende Bezeich-
    nung für kindische weibliche Person,
    die nicht erwachsen werden will
    oder kann

„Was is'n des fer ä Chrischtkindl, mit ihre
Blimmelin unn Schlipfelin im Håår?" Für die
Lust am Verballhornen zeugt dies: „Hosch
dein Wunschzeddl fers Rindkischtl … ähh,
Chrischtkindl schunn gschriwwe?"

Dreckfink, Dreckschbatz

schmutzige Person (jeden Alters
und Geschlechts)

's Freun(d), 's Frollein(d) Weber

das Fräulein Weber; fast ausge-
storbene Bezeichnung
für eine unverheiratete
Frau

Freund, Freundien

Freund, Freundin,
aber gedehnt gesprochen.
„Mein liewer Freund unn Kupferschtecher!"
und „Liewi Freundien!" betont vorgetragen,
ziehen ernste Ermahnungen und Maßregelungen
nach sich.

jungs Gschnaatzl
> junge Leute (abwertend)

Hannebambl, Haanebambl
> Bezeichnung für ungeschickten
> Mann

Hewwl
> wörtlich: Hebel, sehr → **olwerer**
> Kerl, der sich nicht zu benehmen
> weiß

Knoddl, Knoddele; auch Schdopperknoddl
> nettes Kind

*"En goldischer Knoddl, des!" "Geh her, mei
Schdopperknoddele, geb emol der Oma enn
Kuss uff die → Back!"*

Krauderer, alder
> sehr alter Mann

Krawallschachdl
> wörtlich: Lärmschachtel; kritisch,
> aber durchaus auch lieb gemeinte
> Bezeichnung für weibliches Wesen

Krott

> wörtlich: Kröte; lieb gemeinte
> Bezeichnung für kleines Mädchen
>
> *„Ä goldischi, ä sießi Krott!"*

Krutze

> Kind (unsympathisches)

Leit

> Leute; die Menschheit im Allgemei-
> nen, die Öffentlichkeit, die Mitmen-
> schen
>
> *„Ihr Leit! Ihr Leit!"* (Ausruf)

Leppschenggl

> verächtliche Bezeichnung für läppi-
> sche, kindische Person

Liegebeidl

> Lügenbeutel, Lügner

Loddl

> Schimpfwort für unzuverlässigen,
> faulen Mann

Madde-Mäusele
> zärtliche Verballhornung von Mademoiselle

Mockele
> Dickerchen, pummeliges Kind, auch mollige Frau (lieb gemeint)
> → **mock(e)lisch**

Neckerschleimer, Neckerschleimern
> bezeichnet echte Heidelberger, männlich wie weiblich

Reff, Besse
> Schimpfwort für Frau mit bösem Mundwerk

Rotzleffl, Rotznaas
> Rotzlöffel, Rotznase

Saukrippl, Seckl, Secklpeeder, Sefdl
> Schimpfworte für schlechten Mann, Gauner

Schbrischklopfer

Angeber im Sinne von lustigem
Alleinunterhalter

*„'S Hecke ihr'n Alfons, des is der vielleischt 'n
Schbrischklopfer!"*

(Zur Unterscheidung von Familienmitgliedern wird
bzw. wurde zuerst der wichtigere Familienname,
dann der Vorname genannt. Beispielsweise auch:
*„Was die Fraa Fassbender is, die hot verzählt,
dass Fischers ihr Bawett ä guudi Pardie
gemacht hot!"*)

Scheeler Hund

wörtlich: schielender Hund, vor
allem gebräuchlich in der Aufforderung zum freundlichen Miteinander:

*„Sag net scheeler Hund, sag, der Hund sieht
net guud."* Bzw.: *„Net immer glei sage scheeler
Hund. Sag liewer, der Hund sieht net guud."*

Schloofmitz, Schlooftablett

Bezeichnung für eine langweilige
Person, die völlig ungeeignet zum
Schbrischklopfe odder Hermännd-
lin-Mache ist

Schlumbl, Schlabbedatschern, Schlabb

Schlampe, abwertende Bezeichnungen für Frauen, die nicht auf Ordnung und Sauberkeit halten. Schlabbedatschern ist die bildhafte Bezeichnung für eine Frau, die mit heruntergetretenen Schuhen (→ **Schlabbe**) in die Öffentlichkeit geht.

Schteckzwiwwl, Schteckzwiwwele

Steckzwiebel(chen), zärtliche Bezeichnung für weibliches Wesen

Schtrooßeengele und Hausdeifl

Straßenengel und Hausteufel,
Bezeichnung für Kinder, die in der
Öffentlichkeit brav sind, zu Hause
aber genau das Gegenteil

Simbl, Dabbes, Hamballe

Simpel; dummer → **dabbischer**
Mensch; Steigerung: **Huudsimbl**

Suume

bezeichnet(e)
waschechten
Heidelberger Laus-
buben

Trumm, Wäscher

Bezeichnungen für körperlich →
olwere Personen, weiblich wie
männlich

uffgschdellder Mauseknoddl

Bezeichnung für einen unterdurch-
schnittlich großen Menschen

Zwuckl

nettes Kleinkind

Ernste Warnungen, Ermahnungen und empörte Äußerungen sind etwa die Folgenden:

> *„Hawwe mir schunn emol zamme aus ähm Deller gesse?"* Wenn man von jemandem geduzt wird, von dem man es sich durchaus nicht wünscht!

> *„Alle in ään Sack und druffgeklopft. Do trifft mer nie de falsche."* Gerne über Politiker und andere Personen der Öffentlichkeit

> *„Des fehlt graad noch ..."* Wird fortgesetzt, zum Beispiel so: *„ ... dass du heit Obend fortgehsch unn misch mit dem ganze Kråm do sitze läsch!"*

> *„Jaa, morge widder!"* Als Antwort auf eine unzumutbare Aufforderung. Auch für „von wegen!" *„vunn weege"* bzw. *„vunn Wee-goon!"*

„Isch helf der glei!" Eine ernste Warnung, wenn jemand – vor allem Kinder und Jugendliche – gerade etwas Verbotenes oder Gefährliches tun.

„Isch glaab, 's hackt!" Oder: „Isch glaab, du schpinnsch!"

„Do geht mers Messer in der Dasch uff!" Und: „Des is ä Schand vor der alde Hoffmännin!"

„Wenn owwe bisch, schreibsch ä Åsischtskart!" Wenn jemand versonnen in der Nase bohrt.

„Was schtehschn do rum – mit der Zung im Mund!" Wenn jemand nur herumsteht und nicht mit anpackt.

„Dunnerkiddlnochemol!" (Muss man nicht erklären.)

III. VUNN IWWER-KANDIDLT BIS OLWER

babbisch

> klebrig

bitzl-batzl-kalt

> sehr, sehr kalt

blutt, nackisch

> bloß, nackt
>
> *„Mit nackische Finger zeigt ma net uff åge-*
> *zogene Leit!" Und: „Der is aa blooß nackisch*
> *unnerm Hemm!"*

brezzlmärb

> wörtlich: mürbe wie eine Brezel,
> bedeutet: elend, krank, empfindlich,
> stark angeschlagen
>
> *„So brezzlmärb, wie mirs an dem Daag war,*
> *muss misch der aa noch so ärgere!"*

bucklisch

wörtlich: bucklig; vor allem in der Wendung „die bucklisch Verwandtschaft" gebraucht:

„Des braucht die bucklisch Verwandtschaft net zu wisse, dass mir zwee zamme sinn, Liewi!"

dabbisch

blöd, dumm; → **Dabbes**

„Do kennt isch misch dabbisch drå fresse!"

Im Sinne von: sich randvoll essen bis zum Anschlag, aber nicht: sich überfressen, bis einem schlecht ist!

Oder: *„Mit demm kann mer redde wie mit emme Dabbische!"* Bedeutet, dass der andere ein verständiger und verträglicher Mensch ist, der Spaß versteht und einfühlsam ist.

doddelisch

weich, wacklig, labil

*„Geb net so doddelisch die Hånd, lång rischdisch hi, dass die Leit disch net fer →
verdrickd halte!"*

ferdisch

fertig; ferdisch wie än Schick
(= Priem)

„Was werd'n dess, wenn's ferdisch is?"

☞ Und: *„Isch bin der schunn widder fix unn*
ferdisch!"

garschdisch

garstig, unfreundlich

geblimmt

geblümt; die Variante **geblimmld**
drückt aus, dass die Trägerin eines
geblimmlten Kleides über keinen
allzu hoch entwickelten Geschmack
verfügt

glecklhell

hellwach

goldisch

goldig

iwwerkandidlt

überdreht, überspannt

iwwerzwersch

> verdreht, geistig verquer

mock(e)lisch

> pummelig, mollig

mucker

> aufmerksam, wach; gern auf kleine
> Kinder angewandt:
>
> *„Guck emol, noch so klää unn schunn so
> mucker!"*

olwer

> ungehobelt, grob

parforsch

> mit aller Gewalt; keck, vom franzö-
> sischen par force
>
> *„Des is ä ganz Parforschti, die!"*

schdruwwelisch

> strubbelig
>
> → *sisch net schdruwwelisch mache losse*

schinant (= genant)

> verlegen, schüchtern

schlabbisch

> schlampig
>
> *„Wie die schlabbisch doherkummt – de ganze Daag in der Kiddlscherz unn mit de Schlabbe an de Fieß!"*

verdrickt

> verdrückt, verlegen, heimlichtue-
> risch, still; eine Eigenschaft, die in
> der Kurpfalz höchst unerwünscht
> ist!

verkrumblt

> zerknittert, → **verkrumble**

wieschd

> wüst, gemein, ungezogen

IV. WAS ES SUNSCHT NOCH SO GIBT

abbá

> kräftige Verneinung auf eine Frage,
> vom französischen à bas! – nieder!

álla, álla tschüss, álla gut

> Füllwort, vom französischen allez,
> bedeutet: los!, auf!, aber auch: na
> dann!, alsdann!, als Abschluss eines
> Gespräches – was in der Kurpfalz
> nicht immer einfach ist!

„Álla, wie geredd, so gebabblt!", stellt einen
freundlichen, aber endgültigen Gesprächsab-
schluss inklusive Verabschiedung dar.

gell!

> gelt!, nicht wahr!

hajoo

kräftiges Ja

heer!

höre!, angeblich in Heidelberg weniger üblich als in Mannheim, wo es als Füllwort gerne bei jeder Gelegenheit angehängt oder vorausgeschickt wird, bekannt geworden durch Joy Flemings Neckarbrickeblues; hierzu der folgende Spruch:

Heer, ä ganzes Heer
vunn Eischelheer
kummt hinner mer heer,
heer!

nauswärts, nauszus

hinaus; neiwärts, **neizus** – hinein **nuffzus** – hinauf; **nunnerzus** – hinunter

"'S geht nauswärts, 's geht widder neiwärts."
Bedeutet: "Es geht dem Sommer entgegen, es geht dem Winter entgegen."
"Beim Nunnerzus-Gehe dutt mers Knie mehr weh wie beim Nuffzus-Gehe, Fraa Dockter!"

fer umme

> umsonst, gratis, kostenlos

vunn hinne her

> gerade andersherum, gerade im Gegenteil

„Was der gscheid is! Awwer vunn hinne her!"
Bedeutet: Er ist genau das Gegenteil von gescheit.

liewer (als) wie, schääner (als) wie, grääßer (als) wie, lauder (als) wie

> lieber als, schöner als, größer als, lauter als

„Die hot denn liewer als wie misch, die bleed Kuh, die bleed!" Oder: „Bin isch net schääner wie die? Odder?"

normaal net, normaal ja

> normalerweise nicht bzw. ja

„Normaal mache mer des net, awwer weil Sie's sinn ...!"

V. DUMME UNN GSCHEIDE SCHBRISCH

„Der Pfarrer predischt blooß äämol!"

> Bedeutet: Ich habe nicht die
> Absicht, mich zu wiederholen!

„Alles, was recht is, hot der Gottlieb!"

> Das angehängte *„.... hot der Gott lieb/Gott-
> lieb"* hat eigentlich keinen Sinn, ist aber
> schön wegen der Doppeldeutigkeit.

„Hot ma blooß denn ääne Herrgott ...!"

> Hier müsste eine Fortsetzung folgen im
> Sinne von: *„.... und dann kummt der do her
> unn nimmts eim weg."* Bedeutet also: „Hat
> man doch nur so wenig ..."

„Herz, was begehrsch: Hibb odder Aaschpriggl!"

> Sagt man etwa bei einer reichgedeckten
> Tafel, und um die Bewunderung abzu-
> schwächen, fügt man noch das olwere
> *„Hibb odder Aaschpriggl"* hinzu.

„Besser schlecht gfahre als gut geloffe!"

„Dein Vadder is kään Glaaser!"
> Bedeutet: Du bist nicht so durchsichtig
> wie Glas, geh bitte zur Seite, damit ich
> was sehen kann.

„Der Markt is schunn verloffe!"
Und: *„Die / der kummt do her wie die ald Fasnacht!"*
> Für: Zu spät!

„Hirsch heißt mein Vater."
> Wird mehrere Male schnell hintereinan-
> der gesprochen, bis es klingt wie: „Hier
> scheißt mein Vater."

„Vergess emol dei Redd net ..."
> Mit diesen Worten unterbricht man den
> anderen in seinem Redefluss, wenn man
> etwas (vermeintlich) Wichtigeres oder
> Interessanteres loswerden will.

„Soll isch der was verzähle?
Vunn der alde Beele,
wenn sie kää Kardoffl hot,
kann si kääni schäle!"

„Verzähl mer mol en Witz!"
„Vumm alde Fritz
unn die Ohrfeig sitzt!"

„Salem alejkum.
Wenn isch vorbeikumm,
schlag isch ders Kreiz krumm!"

Drohung, die ihren Reiz aus dem Reim auf -umm bezieht

„Winke, winke,
schdinke, schdinke!"

Sinnfreier, aber wirkungsvoller Reim für alle Gelegenheiten

„Soo – unn jetz kummt der Moment,
wo der Frosch ins Wasser rennt!"

Sagt man, wenn eine Reparatur, der Sonntagskuchen, ein Kleidungsstück etc. fertig ist und nun seine Tauglichkeit beweisen muss.

„El-dibel-dirib-dirab-dirib-dirab-diknell!"

Abzählreim wie „Ene, mene, muh ...", bei dem an den ausgestreckten Fäusten für *Verschteckle* (Verstecken) oder *Fangerles* bzw. *Nåchschpringerles* (Fangen) abgezählt wird.

Zugabe zu „Ich hab mein Herz in Heidelberg verloren":

„Dreckische Fieß, dreckische Fieß,
die kriggt ma uff der Neckarwies."

Zugabe zu Rudi Schurickes „Caprifischer":

> *„Bella, bella, bella Marie,*
> *häng disch uff,*
> *isch schneid disch ab morge frieh ..."*

„Kään Arsch in der Hos, awwer La Paloma singe!"
Bedeutet: *Klapp uffreiße, awwer nix dahinner.*

Auf die Frage:

> *„Was krigg isch'n zu Weihnachde?",*

lautet die Antwort:

> *„Ä silwernes Nixl unn ä goldenes Garnixl!"*

Auf die Frage:

> *„Was suchschn?",*

antwortet man:

> *„De geschdrische Daag!"*

Auf die Frage:

> *„Na, hosch ausgschloofe?"*

sagt man:

> *„Nää, dahääm!"*

Wenn einer – absichtlich oder nicht – in Gesell-
schaft rülpst, sagt er quasi entschuldigend:

> „... (= Rülpser)*bsatzneggl braucht der Schusch-*
> *der!*"

„... wenn isch der Ihne sag!"

> Eine Bekräftigung wie: „... *unn jetz kummsch*
> *du!*"

Jedenfalls
– is der Kopf dicker als der Hals!

Kopf hoch
– wenn der Hals aa dreckisch is!

„Määdl, mach der Locke, sunscht bleibsch hocke!"
> Spruch aus der Zeit des „Frauenüber-
> schusses" nach 1945

*„Dumm derf ma sei, awer ma muss sisch zu helfe
wisse!"*

*„Vergess dein Geldbeidl (dei Jack, dei Dasch etc.)
net, net dass uff ämol zwee dooligge!"*

„Alles net so ääfach, wenn ma's dopplt nimmt!" Und:
„Des is net so ohne!" Und: *„Des bleibt net in de
Kleider hänge!"*
> Vielseitig verwendbare Seufzer über das
> Leben, seine Gefahren und Widrigkeiten

*„Ä Mark (enn Euro) hawwe odder net hawwe, sinn
schunn zwee Mark (zwee Euro)!"*

„Ma schtickt halt net drin!"
> Bedeutet: Man kann eben nicht alles
> beeinflussen.

„Ma muss schunn dabeibleiwe!"
>Bedeutet: Von alleine geht so was nicht.

„Doo kann ma net druff gehe!"
>Bedeutet: Darauf kann man sich nicht verlassen.

VI. WO MA NET DRÅ VORBEIKUMMT

KLEINE KURPFÄLZER FORMENLEHRE: KONJUGATIONS- UND DEKLINATIONSTABELLE

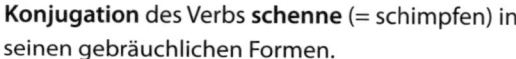

Konjugation des Verbs **schenne** (= schimpfen) in seinen gebräuchlichen Formen.

Imperativ
Schenn! Schennt!
(Schlotz es aus! Retz misch net! Schemm dich! Gebb ä Antwort!)

Infinitiv Präsens Aktiv und Perfekt Aktiv
schenne; gschennt hawwe

Präsens Indikativ Aktiv

isch schenn	mir schenne
du schennsch	ihr schennt
der, die, des schennt	die schenne

Imperfekt Konjunktiv Aktiv

isch däät schenne	mir dääte schenne
du däätsch schenne	ihr däät schenne
der, die, des däät schenne	die dääte schenne

(Do däät ich schenne, wenn der misch schdumpe däät.)

Futur Aktiv

isch werr schenne	mir werre schenne
du werrsch schenne	ihr werd schenne
der, die, des werd schenne	die werre schenne

Das Futur ist im Kurpfälzer Dialekt oft keine in
die Zukunft projektierte Handlung, sondern „Isch
werr schenne!" bedeutet „Es fällt mir nicht ein,
zu schimpfen. Wo werd ich denn schimpfen!"
Echtes Futur ist zum Beispiel „Du wersch lache ...",
da unmittelbar die Erzählung einer besonderen
Begebenheit folgt. – Soll Futur ausgedrückt werden,
so heißt es: Morge geh isch widder ins Geschäft. Iwwermorge kummt mei Mudder. Isch geh morge in de
Baumarkt. Gehsch du iwwermorge zu deiner Oma?

Statt Imperfekt wird stets das Perfekt verwendet:

Perfekt Indikativ Aktiv

isch hab gschennt	mir hawwe gschennt
du hosch gschennt	ihr habt gschennt
der, die, des hot gschennt	die hawwe gschennt

(Was isch den gschennt hab! Die is do her gschtratzt.
Isch hab en geretzt. Die hot misch gschdumpt. Isch
hab gedenkt.)

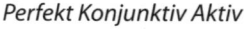

Perfekt Konjunktiv Aktiv

isch hätt gschennt	mir hätte gschennt
du hättsch gschennt	ihr hätt gschennt
der, die, des hätt gschennt	die hätte gschennt

Infinitiv Präsens Passiv und Perfekt Passiv
gschennt werre; gschennt worre sei

Präsens Indikativ Passiv

isch werr gschennt	mir werre gschennt
du werrsch gschennt	ihr werd gschennt
der, die, des werd gschennt	die werre gschennt

Imperfekt Konjunktiv Passiv

isch däät gschennt werre	mir dääte gschennt werre
du däätsch gschennt werre	ihr däät gschennt werre
der, die, des däät gschennt werre	die dääte gschennt werre

Perfekt Indikativ Passiv

isch bin gschennt worre	mir sinn gschennt worre
du bisch gschennt worre	ihr seid gschennt worre
der, die, des is gschennt worre	die sinn gschennt worre

Plusquamperfekt Konjunktiv Passiv

isch wär gschennt worre	mir wäre gschennt worre
du wärsch gschennt worre	ihr wärt gschennt worre
der, die, des wär gschennt worre	die wäre gschennt worre

Beispiel für einen (besonders nachdrücklichen) Imperativ in passivischer Form: Gesse werd! Gschloofe werd! Do werd sich net rumgedrickt!

Bei Nachdrücklichkeit wird gern das Reflexiv verwendet: Du bleibsch mer dahääm. Geh (mer) hääm, die Supp werd kalt!

Konjugation der Frageform am Beispiel von hawwe – haben und von due – tun im Präsens Indikativ Aktiv

habisch?	hawwemer?
hosch?	habter?
hoter, hotsi, hots?	hawwesi?

däät isch?	däätemer?
däätsch?	dääter?
dääter, däätsie, dääts?	däätesi?

(Hosch schunn gesse? Däätsch des emol erledische?)

Deklination:

__Maskulinum__

der Haffe	die Häffe
vunn dem Haffe	vunn denne Häffe
dem Haffe	denne Häffe
den Haffe	die Häffe

Die Henkl vunn denne Häffe ware all kabutt!

__Femininum__

die Worscht	die Werscht
vunn der Worscht	vunn denne Werscht
derre Worscht	denne Werscht
die Worscht	die Werscht

__Neutrum__

dess Knärzl	die Knärzl
vunn dem Knärzl	vunn denne Knärzl
dem Knärzl	denne Knärzl
dess Knärzl	die Knärzl

<u>Deklination plus Adjektiv</u>

der olwere Kerl	die olwere Kerl
vunn dem olwere Kerl	vunn denne olwere Kerl
dem olwere Kerl	denne olwere Kerl
den olwere Kerl	die olwere Kerl

<u>Verkleinerung:</u>

des Häffele, des Werschtl, des Knärzl, des Schlipfl, des Knoddele, des Deckele, des Mädele, des Buwele, des Schätzele

VII. ZUM GUUDE SCHLUSS

„Wenn ma mol åfängt, find mer joo kää End!", hat die Autorin, gebürtige Heidelbergerin, ab und zu gestöhnt, als sie mit ihrer Sammlung von Verben, Substantiven, Adjektiven und speziellen Heidelberger Redewendungen anfing: Erst beim Sammeln zeigte sich, wie reich die Schprooch ist, die sie in den Fünfzigern und Sechzigern mit der sprichwörtlichen Muttermilch eingesogen hat – daher erhebt dieses Büchlein auch keinen Anspruch auf Vollständigkeit.[*]

🐢 🐷

Jede Sprache ist lebendig und verändert sich. Auch der Heidelberger Dialekt ist – ebenso wie der nachbarliche Mannheimer – einer der flexibelsten, die es gibt. Kein Wunder bei den vielen Besuchern, die alljährlich nach Heidelberg kommen. Da heißt es, als HeidelbergerIn nach außen Identität zu wahren, aber auch, verstanden zu werden. Das bedeutet, dass die anpassungsfähigen Neckerschleimer zwar ihren

[*]Allen Interessierten seien beispielsweise die Bücher von Rudolf Post: Kleines pfälzisches Wörterbuch. Pfalz und Kurpfalz, 2. überarbeitete Auflage, Neckarsteinach 2007, und Rudolf Lehr: Kurpfälzer Wortschatz. Heidelberg 1997, empfohlen.

Dialekt beibehalten, ihn aber so sprechen, dass sowohl Norddeutsche oder Bayern als auch ausländische Besucher mit guten Deutschkenntnissen ihn verstehen können.

Zur Veranschaulichung eine Begebenheit, die die Autorin an einem schönen Mai-Tag in der Innenstadt belauschte: Ein Dreijähriger trampelte energisch, aber lustvoll auf ausgelegtem Taubenfutter herum, bis es ihm eine alte Frau mit folgenden Worten verwies: „Des darfsch net mache! Des Futter wolle die Taube doch noch fresse!"

Ein typischer Sprach-Kompromiss Heidelberger Machart, denn im Dialekt heißt es „derfsch", nicht „darfsch", und „Dauwe", nicht „Taube". Ähnlich kann man auch hören: „Wie heisch'n du?" statt „Wie heesch'n du?", „Des weisch doch!" statt „Des weesch doch!", „Da höörsch's" statt „Doo heersch's". Besonders Letzteres geht den Kurpfälzern nur schwer über die Lippen, denn ö und eu gelten als affig und werden nur gesprochen, wenn man die „bessere Leit" oder die Oberschicht imitiert, die keinen Dialekt sprechen können. (Dem empörten Protestgeschrei des besagten Dreijährigen war übrigens deutlich zu entnehmen, dass er die alte Dame sehr genau verstanden hatte.)

Der Heidelberger Dialekt ist – wie andere auch – von Direktheit geprägt, ja mitunter von Grobheit. Aber das klingt meistens nur so und ist nicht so gemeint. Abgesehen davon ist eine raue Ausdrucksweise eine gut funktionierende verbale Abfuhr, fast ein seelisches Abführmittel. Wenn einer nicht mehr schenne kann, hat er eine schwere Depression; fängt er 's Schenne widder å, isser widder gsund. Als Kurpfälzer ist man / frau außerdem davon überzeugt, dass es besser ist, emol so rischdisch zu schenne wie än Rohrschbatz, damit hinnerher die Sunn nochemol so schää scheint. Man sollte es den Kurpfälzern nicht übel nehmen. Er oder sie meint's nicht so schlimm, wie es klingt!

Unter guten Freunden kann eine Begrüßung wie: „Geh her, dass isch der ääni bumb, alder Seckl!" sogar auf tiefe Zuneigung schließen. Je olwerer einer beschimpft wird, desto mehr wird er vom Sprecher geschätzt. Und so könnte „Du alder Dreckschbatz! Disch däät isch no net emol mit der Beißzang ålange!" durchaus eine Liebeserklärung sein … Unter dem Olweren verbirgt man seine Gefühle: Liebe, Sympathie, Rührung, Freundschaft. Und Bewunderung und Anerkennung schwächt man durch Grobheit ab, um sich nichts zu vergeben.

Nur bei allzu sehr zur Schau getragener Freundlichkeit ist mitunter Vorsicht geboten. Wenn es mit hoher, singender Stimme heißt: „Gu'n Daag! Gehts guud? Lang net gsehe! Was machd'n die

Mudder? Sehe guud aus!", sollte man misstrauisch werden. Sagt aber einer tief aus der Kehle heraus, am besten noch mit dem Kinn auf der Brust: "Ou! Wie! Aa doo!", darf man auf Wohlwollen schließen.

Was nicht nur die Kurpfälzer manchmal schmerzt, ist, dass der Mudderschproochler in den Medien oft ein Nischendasein als Witzbold führt. Da wäre der Umgang der Norddeutschen mit ihrem Platt ein gutes Vorbild: Denn der Norddeutsche kennt nicht nur den Kalauer auf Platt, sondern auch ernste Literatur bis hin zum Drama in Mundart. Da wäre in Baden noch einiges nachzuholen, denn der Dialekt ist eine Sprache wie andere auch und nur weil's für manche Ohren so komisch klingt, muss es nicht komisch sein.

Und noch was: Da es beim Dialekt vor allem auf den Klang ankommt, weniger auf das Wort, müsste man unser Schprooch eigentlich hören, nicht lesen … Aber wenn Sie das Kinn ein wenig zur Brust drücken, den Unterkiefer schön locker lassen und ihre Stimme beim lauten Lesen so richtig aus Bauch und Brust herauskommen lassen, dann wird es schon gehen – dann können Sie den Kurpfälzer Klang in seiner vollen Schönheit spüren!

Viel Spaß damit
wünscht Ihnen die Autorin

Besuchen Sie uns im Internet:
www.gbraun-buchverlag.de

in Karlsruhe seit 1813

G. BRAUN BUCHVERLAG

Karlsruhe

© 2010 DRW-Verlag Weinbrenner GmbH & Co. KG,
Leinfelden-Echterdingen

Titelgestaltung und Satz: Andrea Faucheux, G. Braun
Buchverlag

ISBN 978-3-7650-8551-2